LE
PRÉDICANT

DANS LE DÉSERT

AU MILIEU DE LA CAPITALE;

Suivi du vœu de la Loi fur les Elections.

ASSEMBLÉES PRIMAIRES.

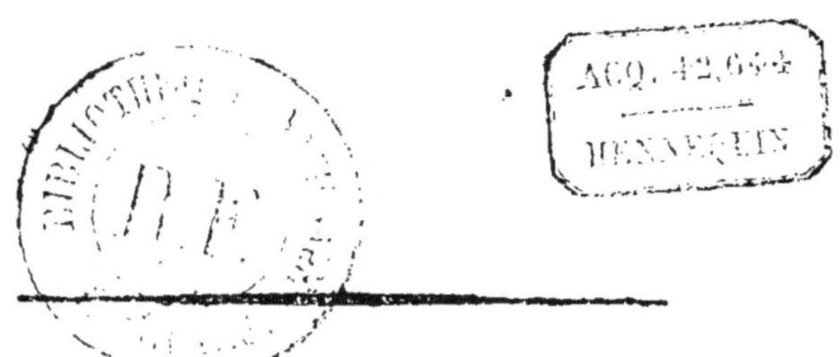

A PARIS,

CHEZ LES MARCHANDS DE NOUVEAUTÉS,

AN CINQUIEME.

AVIS AUX HONNÊTES GENS.

*D*ANS *les crises violentes où plusieurs Etats de l'Europe se sont trouvés dans ces derniers siecles, on a dû remarquer que la principale cause des malheurs, dont les troubles intérieurs, sont toujours accompagnés, est, d'un côté, l'audace & l'avidité des hommes corrompus, qui ne cherchent, dans les révolutions, que les moyens de s'élever & de s'enrichir; & de l'autre, l'indolence & l'inertie des gens honnêtes & timides, qui, dans la crainte de s'exposer & d'être soupçonnés de vouloir faire un parti, ne prennent aucunes mesures pour s'opposer aux entreprises criminelles de leurs ennemis.*

Les événements dont nous venons d'être ou témoins ou victimes, ceux dont l'horison politique nous menace, prouvent, d'une maniere incontestable, que jamais en France il n'a été plus instant & plus nécessaire de se réunir pour résister aux entreprises des brigands.

D'un côté, il n'y a jamais eu plus de gens honnêtes réduits à la derniere misére, & qui eussent un besoin plus pressant du secours des âmes sensibles; de l'autre, l'histoire ne présente nulle part l'exemple d'une société aussi atroce, aussi désorganisatrice que celle des Jacobins, plus dangereuse encore par les principes qu'elle propage, que par les crimes qu'elle a commis.

Cette société n'est pas nombreuse, à la vérité, mais elle est organisée: si elle ne délibère plus publiquement, elle a dans le sein des Conseils une faction puissante, qui en dirige tous les mouvemens, & chaque membre obéit servilement à l'impulsion donnée. Cette tactique a dû & doit donner l'avantage aux anarchistes sur la masse inerte & isolée des honnêtes gens. Battus, ils ne sont pas découragés. Leur regard féroce semble, chaque jour, menacer d'une nouvelle entreprise. Le danger est imminent, la France est sur le volcan. A Paris, dans le Midi & presque dans tous les départemens, le crime veille & s'agite en tous sens, & par-tout les honnêtes gens croupissent dans l'indolence. Il n'est pas question de systéme politique. Tout citoyen qui respire, qui a des propriétés à défendre, une femme, des enfans à nourrir & à conserver; tous, enfin tous, quelle que soit l'opinion particulière de chaque individu, ont le même intérêt, la même cause: les terroristes sont là, il faut leur résister. Loin de nous toute idée de vengeance & de réaction; mais il n'est pas de sacrifices que tous les Français n'aient un intérêt puissant & individuel à faire pour procurer à leur patrie un gouvernement stable & légitime.

Il faut que les honnêtes gens se rapprochent, se lient les uns aux autres, qu'ils fassent à leur conscience le serment,

1°. De se rendre exactement aux assemblées primaires;

2°. De ne donner leur vote que pour l'honneur & le bien général des Français, en réunissant leurs voix sur des individus d'une moralité connue, afin de présenter par-là un vote unique qui l'emporte sur les scélérats de Jacobins.

3°. D'accepter, chacun individuellement, l'emploi auquel il aura été nommé, pour l'exercer sans crainte & sans foiblesse.

Il faut fournir au Corps Législatif des membres purs, honnêtes & pardessus tout, courageux pour résister à l'oppression des méchans: enfin il faut faire le bien, empêcher le mal, écouter & suivre avec confiance ceux qui ont assez de courage pour l'entreprendre.

LE PRÉDICANT

DANS LE DÉSERT

AU MILIEU DE LA CAPITALE;

Suivi du vœu de la Loi fur les Elections.

ASSEMBLÉES PRIMAIRES.

L'ÉPOQUE des affemblées primaires approche; elles vont déterminer, par leur choix, fi nous aurons l'anarchie ou un gouvernement : il s'agit du falut de la patrie, & par conféquent, de la tranquillité & du bonheur des citoyens.

A en juger par les difcours & la conduite *des gens de bien*, on croiroit qu'ils n'ont aucun intérêt au choix de ceux qui vont irrévocablement fixer nos deftinées..... L'infouciance & la peur fe coalifent pour neutralifer ceux qui au fond font les plus intéreflés à affurer l'empire des lois.

C'eft un fpectacle bien bizarre & bien révoltant que celui de ces égoïftes pufillanimes qui tremblent fans ceffe pour leurs perfonnes & leurs propriétés; ils pâliffent au fouvenir des excès révolutionnaires ; ils pouflent les hauts cris fur l'injuftice de l'impôt combiné avec la banque-

A 2

routé que l'on fait aux rentiers ; ils gémissent sur les dilapidations , les vols , les affassinats : l'avenir ne se présente à eux que sous les présages les plus sinistres ; ils calculent avec trouble tous les maux dont ils font mena‑ cés ; ils n'existent que pour s'en plaindre. Hé bien , ils ne font rien , ils ne veulent rien faire pour réparer ceux qu'ils ont soufferts , pour prévenir ceux que leur présente l'anarchie. Ils refuseroient de se coaliser avec les cori‑ phées , pour ne porter aux places que des ennemis de l'ordre ; & cependant ils secondent , par leur apathie , les intrigues qui vont produire ces tristes & irréparables résultats : je crois voir un homme qui expire de la peur de la mort , & qui refuse obstinément les secours qui pourroient l'y souftraire.

Il faut se faire inscrire sur le registre civique ; il faut porter son vote aux assemblées , pour la nomination des magistrats. Leur intérêt & la loi leur en font un devoir. Ces messieurs n'aiment pas à prendre de la peine. Cepen‑ dant , qu'est‑ce que cette peine en comparaison des malheurs dont le souvenir ou la perspective les glace d'effroi ? Que les hommes font absurdes ! Les prétendus gens de bien relèvent , avec une sagacité admirable , les inconséquences révoltantes qui caractérisent certains cori‑ phées de la révolution. Sont‑ils plus conséquens eux‑ mêmes ? Ils voient le mal ; ils peuvent l'empêcher : ils le laifferont faire , pour ne pas prendre un peu de peine.

Telle n'est point la conduite des ennemis de l'ordre & du gouvernement ; rien n'égale leur empressement à se faire inscrire. Déjà , grace à leur organisation admirable qu'ils ont su conserver dans le secret , malgré l'anathême dont elle est frappée par la loi , ils font d'accord pour le choix des hommes dont l'anarchie est l'élément, pour

qui les crimes font un befoin , & les malheurs de l'humanité , des jouiffances. Leurs votes ne feront point
difféminés fur des fujets différens. Des chefs habiles diftri-
buent à chaque affemblée , la lifte de ceux qu'elles ont
à nommer : une foumiffion aveugle garantit le fuccès de
cette mefure. Ainfi , quoiqu'en immenfe minorité , ils
font fûrs, grace à l'infouciance des gens de bien , d'ob-
tenir , pour leurs candidats , la majorité relative des
fuffrages qui fuffit pour les élever aux places les plus
importantes.

Vous donc qui vous plaignez , avec un civifme déhonté,
de l'infuffifance des lois , de l'impuiffance ou de la mau-
vaife volonté du gouvernement, quel droit pouvez-vous
avoir à une adminiftration jufte & bienfaifante ? Pouvez-
vous avoir celui de vous plaindre , quand vous refufez
de vous foumettre à la plus effentielle des lois de l'Etat ;
quand vous trahiffez le plus faint des devoirs ; quand
vous dédaignez de concourir à la nomination des magiftrats dépofitaires des pouvoirs d'où dépendent le bonheur
ou le malheur de la patrie ?

Je ne répéterai pas ce qu'on vous dit tous les jours ,
pour combattre cet égoïfme deftructeur qui vous ifole de
la patrie , de vos femblables , de vos intérêts les plus
chers , & qui creufe l'abîme où vous craignez , & où
vous ne manquerez pas de vous engloutir : il eft peut-
être plus néceffaire d'attaquer votre peur , que votre
infouciance.

La peur a préparé tous les malheurs réfultans de la
révolution ; on s'eft laiffé opprimer par peur. C'eft à
celle dont les oppreffeurs étoient faifis , que nous devons
tous les excès des mefures révolutionnaires. Les méchans ,
en abufant de la peur des ames honnêtes, n'ont obtenu

des fuccès que parce qu'ils ont eu le courage de la peur. C'eft le courage de la peur qui nous a délivrés de Robespierre & d'une partie de fa clique. Puifque vous avez fi grand-peur, que le courage de la peur vous pouffe aux affemblées primaires, & que ce courage réduife à l'impuiffance de nuire, les anarchiftes qui voudroient encore vous opprimer. Quel fi grand danger y a-t-il en effet à porter votre lifte de candidats au fcrutin des affemblées primaires? La peur fut le principe & le garant des fuccès de l'anarchie. Si vous n'y prenez garde, elle devient dans vos mains l'inftrument qui doit la ramener & la perpétuer.

Raifonnons néanmoins fur cette peur. Vous craignez, pour ceux qui feront infcrits fur les regiftres civiques, les perfécutions qu'ont effuyées les fignataires des pétitions des huit mille & des vingt mille ; vous ne confidérez ces regiftres que comme une lifte de profcription.

Mais les perfécutions ne peuvent recommencer qu'avec le règne de l'anarchie. Ah ! laiffez-lui reprendre fon fceptre enfanglanté ; elle n'aura pas befoin des regiftres civiques pour ne voir en vous que des victimes. Vos noms ne font-ils pas dans tous les dépôts publics? & s'ils ne s'y trouvoient pas, avez-vous oublié qu'une loi renforcée par vos propres terreurs, peut encore vous obliger à les tracer en grands caractères fur votre porte ?

Les pétitions dont vous nous parlez n'étoient prefcrites par aucune loi. L'infcription civique eft une obligation déterminée par la loi conftitutionnelle. Le prétexte de la perfécution ne peut jamais fortir de la foumiffion à la loi.

Craignez plutôt que les tartuffes révolutionnaires, qui ne pardonnent jamais qu'à eux-mêmes l'infouciance, le

mépris & la violation des lois , vous attaquent vous-
mêmes comme réfractaires ou rebelles à la conftitution ,
& appliquent à votre infouciance, la peine de mort infli-
gée à ceux qui tenteroient de l'anéantir. Ainfi ils vous
puniroient du bien que , par lâcheté , vous aurez bien
voulu leur faire.

Si les regiftres civiques pouvoient être un jour une
lifte de profcription , les anarchiftes ne s'y feroient pas
infcrire : ces regiftres ne peuvent être dangereux que
pour ceux qui n'auront pas rempli ce devoir.

Faites – vous donc infcrire , & portez votre vœu aux
affemblées primaires. Ne l'accordez qu'à ceux dont la
moralité, les lumières , la pureté d'intention & l'énergie
peuvent mériter la confiance des bons citoyens. Plus ils
font rares , plus vous devez vous appliquer à les décou-
vrir. Je fais que ces recherches font plus pénibles & plus
trompeufes dans cette capitale où l'on n'a ni le tems ,
ni les moyens d'étudier à fond les hommes mêmes avec
qui l'on eft le plus en liaifon : ce n'eft que par le concours
fimultané des recherches que vous pourrez prévenir le
fcandale & les défaftres qu'entraîne avec foi la théorie
des majorités relatives.

Dans la démocratie , les fuffrages ne font recueillis
& comptés que pour faire triompher le vœu de la majorité des citoyens. La majorité relative ne fert guère qu'à
favorifer les factions turbulentes & audacieufes , qui ,
par une coalition criminelle des individus qui les compo-
fent , prennent fi bien leurs mefures , que jamais leurs
votes ne font difféminés fur un plus grand nombre de
candidats que ceux dont elles ont befoin.

Nous devons nos malheurs à cette théorie. Dans des
affemblées de deux, trois mille votans, la majorité rela-

tive de cent voix a élevé aux places les plus importantes des hommes que les dix-neuf vingtièmes des votans en auroient repouffés avec indignation. Ces hommes fe font pourtant proclamés les élus du peuple. Ils ne l'étoient que d'une faction; mais ils n'ont obtenu ces fuccès, que parce que, cédant à leurs intrigues, ou paralifée par leurs fureurs, la majorité des citoyens a conftamment dédaigné de voter dans les affemblées primaires.

Ce n'eft point ici le lieu de développer des idées politiques fur le mode de connoître le véritable vœu de la majorité des citoyens. La manière de recueillir & de compter les fuffrages a toujours été l'écueil des fpéculations des plus fages légiflateurs. Nous avons adopté la majorité relative; il faut nous y tenir : mais fachons en neutralifer les inconvéniens, en portant tous notre vote aux affemblées primaires. Les gens de bien font en proportion au moins décuple des intrigans. Il eft impoffible, fi nous votons tous, que le vœu des bons citoyens n'obtienne pas une majorité relative, fi, lorfqu'un premier fcrutin aura fait connoître certains candidats, on fait faire le facrifice de quelques intérêts particuliers, au defir de fauver la chofe publique.

Il faut s'attendre à tout de la part des ennemis de l'ordre & de la liberté. Les piéges, les menaces, les divagations, les intrigues, les violences même, tout fera mis en œuvre pour faire triompher l'anarchie. Dans le Midi, fes partifans infultent, égorgent tout ce qui ne leur eft pas dévoué : ils veulent que, fuyant loin de fes foyers, le propriétaire paifible & bien intentionné leur abandonne le champ de bataille, & les laiffe dominer dans des affemblées primaires.

Cette audace que je n'ai pas le tems d'analyfer, ajoute

à l'obligation de ſe réunir , pour en impoſer par le nombre. Les anarchiſtes ne ſont forts que de notre puſilla-
nimité.

Il ne faut pas que notre ſupériorité prenne rien ſur la
ſageſſe qui doit régler notre conduite. Les aſſemblées
prochaines n'ont point à délibérer : ainſi , point de motion ,
point de diſcuſſion ; bornons-nous à donner notre vote.
Point de négligence dans celui qui doit former le bureau ;
il eſt de la plus haute importance pour le dépouillement
du ſcrutin , qui ne ſeroit nullement en ſûreté entre les
mains des anarchiſtes.

Telle eſt la conduite que nous aurons à tenir , & que
certains hommes redoutent. Dans le Midi , on effraye
les gens de bien par des maſſacres ſyſtématiques , dont
on ne diſſimule pas le motif. A Paris , comme ailleurs ,
on veut intimider par la crainte des proſcriptions dont on
nous menace. Ce ſont vos ennemis qui les premiers ont
fait circuler l'idée que les regiſtres civiques ſeroient tôt
ou tard une liſte de proſcription. Comme ils rient tout
bas de la crédulité qui prépare & aſſure leur triomphe !

Echos ſerviles & agens mépriſables de ces hommes
qui vous font tant de peur , meſſieurs les gens de bien ,
vous excuſez votre inſouciance à déjouer leurs intrigues ,
en nous aſſurant (encore d'après eux) , d'un ton dogma-
tique & doctoral , qu'en révolution , on ne voit pas deux
fois la même choſe ; que la terreur ne peut revenir ; qu'ils
ſont ſubjugués par l'opinion ; que l'ordre ſe rétablira
inſenſiblement de lui-même ; & que rien n'eſt plus propre
à nous replonger dans la criſe , que les contrariétés que
vous leur feriez éprouver.

Je ne conçois point cette confiance. Je ne vois en vous
que cette multitude inconſidérée de Troyens , qui abat-

tirent leurs remparts pour introduire le cheval qui renfermoit les moyens de détruire leur ville. Vous aimez mieux prêter l'oreille aux discours de Sinon , qu'aux défiances judicieuses de Caffandre. Vous craignez les Grecs , & vous recevez leurs préfens. Comme les Troyens, vous ferez leurs victimes.

J'admire votre dévouement & votre inconféquence. Vous ne voulez pas de l'infcription fur le regiftre civique , parce que vous mourez de frayeur qu'il ne foit pour vous qu'une lifte de profcriptions ; & cependant, quoique cela dépende de vous , vous ne voulez rien faire pour empêcher que ces profcriptions fe réalifent. Vous oppofe-t-on vos dangers pour vous engager à concourir à la formation d'un gouvernement protecteur ; vous oubliez les profcriptions des regiftres civiques ; vous vous raffurez fur vos dangers , parce que l'on vous a affuré qu'en révolution on ne voit pas deux fois la même chofe. C'eft-à-dire qu'un fcélérat couvert de tous les crimes, eft effentiellement homme de bien , par la raifon qu'on ne voit pas deux fois la même chofe.

Que les anarchiftes cherchent à vous le perfuader, je le conçois ; mais je ne conçois pas que des êtres fe difant doués de raifon , foient dupes, en attendant d'être victimes, de ces jongleries : je ne vois en tout ceci que les anarchiftes de conféquens.

Examinons votre paradoxe. On ne guillotine pas par charretées ; & vous en concluez qu'on ne pillera plus, qu'on n'égorgera plus. Vous oubliez que cette tranquillité tient au perfonnel des magiftrats , & que le moindre changement dans certains individus, peut en amener de terribles dans les chofes.

Pour moi je ne vois l'avenir qu'à la lueur des flambeaux lugubres qui éclairent tout l'appareil de la terreur. Je vois exhumer & exécuter les lois révolutionnaires les plus atroces ; je vois les ennemis de l'ordre tellement renforcés par les succès qu'ils auront obtenus dans les assemblées, qu'il n'y aura plus de protection que pour les scélérats, & que le gouvernement lui-même sera forcé de les traiter avec autant de ménagement, que s'il tenoit d'eux sa puissance. N'oubliez pas que le vol appelle le vol ; que le sang appelle le sang ; que les hommes pardonnent plus difficilement les torts qu'ils ont envers leurs semblables, que tous les maux qu'ils peuvent en avoir reçus ; & que pour les méchans, le bonheur ou l'existence des gens de bien sont un supplice. N'y a-t-il donc que la confiscation & la guillotine pour vous piller & pour vous égorger ? Voyez l'histoire des peuples en proie à des révolutions sanguinaires. Lisez celle de la destruction de Jérusalem, & frémissez. Observez l'analogie de nos événemens avec ceux qui ont détruit cette cité célebre. Mêmes prétextes, mêmes paradoxes, mêmes passions, mêmes mesures, mêmes résultats ; les factieux se réunissant contre l'ennemi commun, & se déchirant à outrance du moment qu'ils n'avoient pas à le combattre ; les riches pillés, proscrits, incarcérés, égorgés dans les prisons ou dans leur domicile ; quinze cens mille habitans détruits par la famine ou les poignards de leurs concitoyens ; les opprimés transigeant toujours avec leurs oppresseurs, & toujours leurs victimes ; enfin une nation dispersée & proscrite, qui dut sa ruine à ses crimes révolutionnaires, bien plus qu'aux armes des Romains, & qui ne doit l'existence dont elle jouit encore, qu'à la sagesse des lois que ses destructeurs domestiques n'avoient point osé attaquer.

A 6

Quel avenir nous promet cette analogie ! Peut-être ne fe fervira-t-on plus de confifcations & de guillotine; mais des taxes de guerre, des emprunts forcés, des réquifitions gratuites de denrées, la banqueroute des rentiers, les vols fyftématiques & protégés , ne reftent-ils pas à la difpofition des ennemis de l'ordre , pour vous attaquer dans vos propriétés ? Les mitrailles, les fufils, les poignards, le poifon, & tant d'autres moyens que je ne faurois indiquer, parce qu'il faut avoir l'ame des fcélérats pour deviner & indiquer leurs reffources; tous ces moyens, dis-je, ne peuvent-ils pas les dédommager des confifcations & de la guillotine ? Réfléchiffez fur la nouvelle Saint-Barthélemi organifée par Babœuf; que les nouveaux magiftrats foient choifis parmi fes complices , & vous verrez s'il eft vrai qu'on ne revoit pas deux fois la même chofe !

Les baftilles révolutionnaires ne font point détruites. Depuis le 9 thermidor, les comités de la convention, où dominoient fans doute des membres qui n'avoient que l'hypocrifie de l'humanité , ont perfectionné celle des Quatre-Nations, & y ont ajouté celle de la rue Grenelle, qui peuvent renfermer plus de dix mille individus. Le gouvernement actuel ne s'en eft point occupé. Mais les héros de la glaciere & les feptembrifeurs exiftent. Que n'aurions-nous pas à craindre fi le gouvernement paffoit dans la main de leurs complices & de leurs protecteurs ? Les défaftres actuels du Midi ne font-ils pas les avant-coureurs de ceux qu'on vous prépare ?

Dans ces circonftances, je ne fais laquelle des deux eft la plus abfurde, ou la peur qui vous éloigne des affemblées, par la crainte des profcriptions, ou la confiance qui vous en éloigne auffi , par la raifon qu'on ne voit pas deux fois la même chofe.

Cette confiance pourra n'être pas trompée, si vous vous ralliez au gouvernement. Comme il ne tient son existence & ses pouvoirs que de la loi, il ne doit & ne peut désirer que l'exécution des lois qui lui garantissent la durée de sa puissance ; mais il a besoin d'être soutenu & secondé : il ne peut l'être que par les magistrats éclairés, probes & courageux qui seront nommés par les gens de bien dans les assemblées primaires. Le seul moyen de prévenir les proscriptions, dont la crainte vous en éloigne, & de justifier la confiance où vous paroissez être, que nous ne reverrons pas la terreur, c'est de porter votre vote à ces assemblées.

Défiez-vous d'une autre classe de factieux qui, persuadés que leurs succès dépendent exclusivement de la subversion totale du gouvernement, se jetteront indifféremment dans tous les partis qu'ils croiront pouvoir effectuer la catastrophe. Ils préferent cependant celui des anarchistes, parce qu'ils sont, par la nature même des choses, les plus ardens ennemis du gouvernement, & qu'ils ont plus de suite & plus d'énergie. Ils les pousseront & les seconderont dans les assemblées primaires. Ils éloigneront par le même principe les gens de bien, dont les choix pourroient déjouer leurs espérances.

Les insensés ! Les anarchistes se serviront d'eux, mais ils ne pardonneront jamais au véritable motif de cette réunion éphémere ; ils les immoleront, comme ils ont immolé les la Rochefoucault, les Clermont-Tonnerre, les Chapelier, les Barnave, les Brissot, les Camille-des-Moulins, les Carra, les Danton, les Pelletier, les Sechelles, les Hébert, les Henriot, les Robespierre, &c., &c, &c., & tous les autres coriphées de la révolution, dont ils s'attribuent exclusivement tous les profits. Le même sort vous attend , fi vous avez la lâcheté de les aider en les laiffant faire. Ils n'oublieront jamais cette vérité, que quiconque a eu affez de pouvoir pour les élever , doit néceffairement avoir celui de les détruire.

Je finis cet écrit par une obfervation. Vous qui vous dites gens de bien, vous avez horreur des excès révolutionnaires ; vous frémiffez au récit des crimes de toute efpece qui troublent l'ordre public & qui découragent les citoyens ; vous accufez le gouvernement de foibleffe ou d'infouciance ; vous ne voudriez pas prendre la bourfe de votre voifin ; vous répugneriez encore plus à lui ôter la vie. Hé bien , vous êtes coupables & complices de tous ces crimes, fi , par votre infouciance , vous laiffez paffer les pouvoirs à des hommes indignes ou incapables de les exercer. Celui qui laiffe faire le mal qu'il avoit miffion, droit & puiffance d'empêcher , eft mille fois plus coupable que celui qui le fait. Le ciel vous punira tôt ou tard de cette apathie criminelle ; vos terreurs ne vous empêcheront pas de périr comme vos amis & vos parens, mais avec un fupplice de plus ; vous aurez le défefpoir , le remords & le regret d'avoir tout fait pour mériter cette horrible deftinée ; vous mourrez avec la certitude que vos contemporains & l'hiftoire vous prodigueront , à jufte titre, les épithetes de férocité & de cannibalifme que vous ne ceffez de donner à Robefpierre & à fes complices ; & vous l'aurez bien mérité par votre apathie, votre fotte confiance & votre lâcheté.

S o l l i c i t u s.

LE VŒU DE LA LOI,

SUR LES ÉLECTIONS.

LE moment des élections approche. Aux termes de l'article 53 de la conſtitution, le peuple doit élire un tiers de ſes repréſentans, tant dans le conſeil des anciens que dans celui des cinq-cents.

Le corps légiſlatif actuel eſt encore compoſé, pour les deux tiers, des anciens membres de la convention, & un ſecond tiers de ces membres de la convention doit ſortir cette année.

Ces anciens membres de la convention ſortant cette année du corps légiſlatif, ſont-ils rééligibles? Première queſtion.

Quel mode adoptera-t-on pour connoître quels ſeront les membres de la convention qui reſteront dans le corps légiſlatif, & quels ſeront ceux qui en ſortiront? Seront-ils choiſis par les aſſemblées électorales ou tirés au ſort? Seconde queſtion.

Ces queſtions ſont d'une aſſez grande importance, pour mériter d'être approfondies.

PREMIÈRE QUESTION.

Les anciens membres de la convention, ſortant du corps légiſlatif, ſont-ils rééligibles cette année?

Cette queſtion n'eſt pas difficile à réſoudre; elle eſt décidée par l'article 55 de la constitution qui porte, en termes formels :

» Nul, *en aucun cas*, ne peut être membre du corps » législatif durant plus de six années consécutives. «

Le corps législatif, connu sous le nom de *convention nationale*, a commencé ses fonctions au mois de septembre 1792. Si des membres de cette convention étoient réélus cette année pour trois ans qui finiront au 1er prairial de l'an 8 de la république, revenant au 20 mai 1800, ils seroient membres du corps législatif pendant sept années & huit mois consécutifs ; ce qui seroit contraire à l'article 55 de la constitution, qui dit formellement : qu'*en aucun cas, on ne peut être membre du corps législatif durant plus de six années consécutives* : il est donc certain que les membres de la convention qui sortiront cette année, soit du conseil des anciens, soit du conseil des cinq-cents, ne peuvent être réélus pour membres du corps législatif.

On dira peut-être : L'article 16 du titre 3 du décret du 5 fructidor, an 3, sur les moyens de terminer la révolution, décide qu'ils seront immédiatement rééligibles.

Mais dès que cet article du décret est contraire à un article de la constitution (1), il est radicalement nul, car les auteurs de la constitution n'ont pas eu le droit d'en changer aucune des dispositions.

Ce seroit en vain que l'on objecteroit que ce décret, qui a été joint à la constitution, a été accepté par le peuple réuni en assemblées primaires ; nous répondrons d'abord que le fait n'est pas exact ; que la majorité du peuple, réuni en assemblées primaires, a rejetté ce décret ; que

______

(1) Article 375.

la force feule a contraint les affemblées électorales à fe
conformer à l'article 2 du titre 1 de ce décret. Mais
jettons un voile fur ce qui s'eft paffé en vendémiaire de
l'an 4 de la république ; étouffons , s'il fe peut , tout
motif de divifion au moment où les Français vont fe
réunir pour concourir aux élections ; & contentons-nous
d'obferver que le peuple n'a pu décider , en même-temps ,
les deux contraires : c'eft-à-dire , qu'on ne pourroit être
membre du corps légiflatif durant plus de fix années
confécutives , & qu'on pourroit l'être pendant fept ans
huit mois.

Dans l'alternative , ou d'abroger un article de la conftitution , ou un article du décret du 5 fructidor, an 3 ,
il eft inconteftable , que c'eft à la conftitution que l'on
doit s'attacher , & que , par conféquent , aucun ancien
membre de la convention ne peut être réélu , cette année ,
membre du corps légiflatif.

SECONDE QUESTION.

Les anciens membres de la convention qui doivent refter
dans le corps légiflatif jufqu'à l'an 6 de la république ,
doivent-ils être choifis par les affemblées électorales ou
tirés au fort ?

Pour décider cette queftion , c'eft encore la conftitution qu'il faut confulter. Elle nous dit , article 376 , que
» les citoyens fe rappelleront fans ceffe , que c'eft *de la*
» *fageffe des choix* dans les affemblées primaires & électo-
» rales , que dépendent principalement la durée, la confer-
» vation & la profpérité de la république. «

La conftitution déclare donc, que les affemblées électorales choifiront leurs repréfentans ; elle invite les élec-

teurs à faire ce choix avec fageffe ; ce qui contrarie bien
formellement l'intention où l'on paroît être de laiffer le
fort décider des individus qui refteront dans les confeils &
de ceux qui en fortiront.

L'article 41 de la conftitution, porte que » les affem-
» blées électorales élifent, felon qu'il y a lieu, les mem-
» bres du corps légiflatif ; favoir, les membres du confeil
» des anciens, enfuite les membres du confeil des cinq
» cents. «

Cet article ne dit pas que ces membres puiffent jamais,
dans aucun cas, être tirés au fort.

La conftitution n'admet la voie du fort que dans un
feul cas, qui eft compris dans l'article 137. Il eft ainfi
conçu : » Le directoire eft partiellement renouvellé par
» l'élection d'un nouveau membre chaque année.

» Le fort décidera, pendant les quatre premières années,
» de la fortie succeffive de ceux qui auront été nommés la
» première fois. «

Il réfulte de cet article, que la conftitution a prévu le
cas où, pendant les premières années qui fuivroient la
mife en activité de la conftitution, les membres de différents corps fe trouveroient avoir été élus le même jour,
& cependant ne devroient quitter leurs fonctions que fucceffivement. Elle a décidé que pour les membres du
directoire exécutif, qui font nommés par le corps législatif, le fort décideroit de la fortie succeffive de ceux qui
auroient été nommés la première fois ; mais cette conftitution n'a pas décidé que le fort décideroit de la fortie
des anciens membres de la convention qui devoient fortir
l'an cinquieme de la république, ni de la fortie des membres des adminiftrations départementales & municipaler.
Il faut donc s'en tenir au principe qu'elle a pofé & folem-

nellement proclamé, qui eft, que les affemblées électorales élifent les membres du corps légiflatif & des adminiftrations de département.

Si l'intention de la conftitution eût été de confier au fort le foin de décider quels feroient les membres de la convention qui fortiroient du corps légiflatif la cinquième année de la république, elle n'auroit pas manqué de s'en expliquer, comme elle l'a fait pour les membres du directoire.

On objectera, fans doute, que la conftitution ayant ftatué que le fort décideroit de la fortie des membres du directoire qui auroient été nommés la première fois, c'eft avoir confacré le principe que le fort doit décider de la fortie de tous les fonctionnaires publics qui ont été nommés en même temps & qui ne doivent fortir que fucceffivement.

On répond à cette objection que la conftitution, ayant pofé en principe que les membres du corps légiflatif & des adminiftrations doivent être choifis par les affemblées électorales, on ne peut s'écarter de ce principe à moins d'une exception formelle faite par la conftitution, & que la conftitution n'ayant pas fait cette exception, il faut s'en tenir au principe : en outre, la nomination des membres du directoire exécutif n'appartient ni au peuple ni aux affemblées électorales. C'eft le corps légiflatif qui nomme les membres du directoire exécutif, & la conftitution a pu limiter les pouvoirs du corps légiflatif à cet égard, & elle a eu probablement de fortes raifons pour le faire, fans limiter les pouvoirs du peuple fouverain ni de l'affemblée électorale, fur le droit qui leur appartient de choifir les membres du corps légiflatif & des adminiftrations.

En un mot, l'article 41 de la conſtitution décide que, *les aſſemblées électorales éliſent les membres du corps législatif & les adminiſtrateurs de département*; il n'y a nulle exception à cet article, nullé limitation aux droits des aſſemblées électorales à cet égard. Le principe reſte entier & les aſſemblées électorales peuvent en conſéquence choiſir librement, parmi les anciens membres de la convention, ceux qu'elles veulent conſerver dans le corps légiſlatif & ceux qui doivent en ſortir.

L'article 132 porte que » le pouvoir exécutif eſt délégué » à un directoire de cinq membres *nommés par le corps* » *légiſlatif*, faiſant alors les fonctions d'aſſemblée élec- » torale. «

C'eſt ſur cet article ſeul que porte l'exception contenue dans l'article 137, qui laiſſe au ſort à décider de celui des membres du directoire exécutif qui ſortira chacune des quatre premières années.

Il faut donc diſtinguer qu'entre les nominations appartenantes au corps légiſlatif & celles appartenantes aux aſſemblées électorales, le ſort peut décider, les quatre premières années, de la ſortie des directeurs nommés par le corps légiſlatif; mais la conſtitution ne porte aucune atteinte à la liberté des aſſemblées électorales, qui ont le droit indéfini de choiſir les repréſentans du peuple & les adminiſtrateurs parmi les citoyens qui ſont éligibles à ces différents emplois.

Mais non-ſeulement la conſtitution n'a pas limité ſur cet objet la liberté des aſſemblées électorales, elle n'a pas même eu le pouvoir de le faire. Le peuple français eſt le ſouverain; il ne peut exercer ſa ſouveraineté qu'en choiſiſſant les dépoſitaires de ſon autorité. Ce choix ne peut donc être ni reſtreint ni limité, & à plus forte raiſon on ne peut l'en dépouiller pour le confier au fort, au hafard. Ce feroit attenter à la fouveraineté du peuple, dans la feule occafion où il peut jouir de fes droits politiques. Auffi la conftitution qui a laiffé le fort décider de la fortie des directeurs, qui font à la nomination du corps légiflatif, n'a-t-elle pas cru pouvoir étendre cette difpofition aux fonctionnaires publics qui font à la nomination du peuple ?

Cependant un décret du 5 fructidor an 3, fur les moyens de terminer la révolution, a cru pouvoir ordonner ce que la conftitution n'avoit pas cru avoir le droit de faire. Nous avons déjà prouvé qu'un des articles de ce décret étoit en contradiction avec la conftitution. Ce décret dit, article 15 du titre 3 :

» Quinze jours avant la tenue des affemblées du mois de » germinal de l'an 5, les membres de la convention nationale » qui auront pris place dans l'un & dans l'autre confeil, » tireront au fort de la fortie de la moitié d'entr'eux, la- » quelle formera le tiers du corps légiflatif pour le renou- » vellement annuel prefcrit par la conftitution. «

Nous avons déjà obfervé que ce décret n'avoit pas été accepté par le peuple français. Nous n'en dirons pas davan- tage, pour ne pas rappeller le fouvenir de la tyrannie & des malheurs que ce décret a occafionnés. Il nous fuffit d'avoir prouvé que la conftitution n'a ni ordonné ni pu ordonner que les affemblées électorales feroient privées du droit de choifir, parmi les anciens membres de la conven- tion, ceux qui mériteroient le mieux leur confiance, pour que cet article du décret du 5 fructidor doive être regardé comme nul & attentatoire à la conftitution & à la fouverai- neté du peuple, & par conféquent pour qu'on ne doive y avoir aucun égard.

Mais pouffons plus loin la difcuffion. Examinons ce décret,

& voyons ſi cet article eſt conféquent aux principes qu il a poſés lui-même ; s'il eſt avantageux à la république , enfin s'il eſt raiſonnable.

L'article premier du titre premier de ce décret dit que, » le corps légiſlatif ſera compoſé de membres élus par les » prochaines aſſemblées électorales. « (Les aſſemblées électorales de l'an 4).

L'article 2 ajoute : » tous les membres actuellement en » activité dans la convention ſont rééligibles. Les aſſemblées » électorales ne pourront en prendre moins des deux tiers » pour former le corps légiſlatif. «

Dans cet article , on reconnoît le droit du corps électoral de choiſir parmi les membres de la convention ceux qui auront ſa confiance. Comment ce décret peut-il méconnoître ce droit dans le titre troiſieme ?

Si les aſſemblées électorales de l'an 4 ont eu le droit de choiſir leurs repréſentants dans les membres de la convention , pourquoi l'aſſemblée électorale de l'an 5 n'auroit-elle pas le même droit ?

C'eſt une inconféquence de permettre dans une année ce qu'on veut prohiber l'année ſuivante. Quel motif , quelle raiſon peut-on avoir pour priver le peuple , en l'an 5 , d'un droit qu'on lui a accordé en l'an 4 ; d'un droit qui lui appartient par la conſtitution ; d'un droit inhérent à ſa qualité de ſouverain ? Par quelle fatalité , dans le même décret , trouve-t-on deux diſpoſitions auſſi contradictoires ?

Ces deux diſpoſitions ne peuvent pas être exécutées. Il faut ſe décider pour l'une des deux. La première a pour elle les principes proclamés par la conſtitution , l'exécution qu'elle a eue l'an paſſé , ſans qu'il en ſoit réſulté aucun abus , aucun inconvénient , il faut donc adopter la première diſpoſition , le choix des électeurs ſur les anciens membres

de la convention, & regarder la difpofition de l'article 1⁵
du titre 3 de ce décret, comme une erreur, une contradiction échappée aux rédacteurs de ce décret.

L'avantage de la république eft d'avoir des légiflateurs
éclairés, dignes de la confiance de leurs commettans; la
conftitution vous en avertit, quand elle vous dit, article
376 : *Que c'eft de la fageffe des choix que dépendent principalement la durée, la confervation & la profpérité de la
République.* La conftitution eft donc bien loin de vouloir
confier au fort, au hafard, la nomination des légiflateurs &
des adminiftrateurs.

Mais, dira-t-on, ce n'eft pas confier abfolument au fort
la nomination des légiflateurs, puifque ceux qui doivent
tirer au fort ont déjà été nommés par les affemblées électorales, ont déjà été honorés de la confiance de leurs concitoyens.

Cela eft vrai. Mais Roberfpierre, Couthon, Saint-Juft,
Carrier, Lebon & tant d'autres, avoient été nommés par
des affemblées électorales, avoient été honorés de la confiance de leurs concitoyens, & ils n'en ont pas moins
été des tyrans, des monftres. On peut furprendre la
confiance fans la mériter ; & puifqu'il faut conferver
dans le corps légiflatif un tiers des membres de la convention, il eft naturel, il eft jufte, il eft conforme aux
difpofitions de la conftitution, & même à la premiere
difpofition du décret du 5 fructidor, que les affemblées
électorales choififfent librement ce tiers parmi les membres exiftans dans le corps légiflatif, comme l'affemblée
électorale de l'an 4 a choifi les deux tiers du corps légiflatif qu'elle a été forcée de prendre dans les membres
de la convention.

Enfin, feroit-il raifonnable de s'en rapporter au fort

fur le choix des légiſlateurs , quand on peut faire ce choix foi-même, fans aucun inconvénient , quand on a toutes les connoiſſances néceſſaires pour faire le meilleur choix poſſible ? Depuis près de cinq ans , les membres de la convention diſcutent publiquement les intérêts de la patrie & du peuple. On a été à portée de connoître leurs principes , de ſuivre leurs variations , d'étudier leur caractere. Et c'eſt dans ces circonſtances que l'on propoſe de s'en rapporter au ſort ! Fût-il jamais propoſition plus déraiſonnable , plus ridicule !

Un homme ſage ne veut pas confier au haſard le plus modique intérêt; il ne voudroit pas tirer au ſort ſes agens, ſes domeſtiques ; il ne voudroit pas s'en rapporter au ſort pour ſes chevaux , pour les plus vils animaux dont il pourroit avoir beſoin : & l'on oſe propoſer de tirer au ſort ces repréſentans du peuple français , ces lé-giſlateurs, ces individus, dont dépendent la proſpérité de la république, le bonheur des citoyens, la tranquillité de l'Europe & la deſtinée du monde entier !

Nous croirions offenſer nos concitoyens, ſi nous pou-vions préſumer qu'une propoſition auſſi abſurde pût trouver des défenſeurs. Nous ne pouſſerons pas plus loin nos ré-flexions, & nous nous contenterons de dire, avec la conſ-titution, aux électeurs : Employez tous vos ſoins, toute votre attention, toutes vos lumieres, à choiſir de dignes repréſentans, qui juſtifient la confiance dont vous les honorez ; car *c'eſt de la ſageſſe de vos choix que dé-pendent la durée, la conſervation & la proſpérité de la République.*